8
LN27
41531

LETTRES INÉDITES

DE

BERTRAND DE VIGNOLES

PUBLIÉES ET ANNOTÉES

PAR

Ph. TAMIZEY DE LARROQUE

NIORT

1893

LETTRES INÉDITES

DE BERTRAND DE VIGNOLES

Quand je donnai, en une plaquette qui formait la tête de ligne de ma *Collection méridionale* (interrompue par le malheur des temps), une nouvelle édition des *Mémoires des choses passées en Guyenne* (1621-1622), rédigés par Bertrand de Vignoles (Bordeaux, Gounouilhou, 1869), j'eus le regret de ne pouvoir ajouter aux récits de mon héros aucun document inédit signé de lui. Depuis cette époque, en cherchant mieux, j'ai trouvé quelques pages autographes du vaillant capitaine. Il m'a paru que leur place naturelle était dans l'*Intermédiaire de l'ouest*, car si B. de Vignoles est gascon d'origine, le Poitou fut pour lui une seconde patrie et il y passa une grande partie de la seconde moitié de sa vie, la veuve de Charles de Monluc, seigneur de Caupène (1), Marguerite de Balaguier-Montsalez, dame de Coulonges-les-Royaux, lui ayant apporté cette terre en mariage (2). De même que l'existence de Vignoles se partagea

---

(1) Sur ce petit-fils du maréchal Blaise de Monluc, voir diverses choses (documents et notes) dans une plaquette intitulée : *Lettres inédites de quelques membres de la famille de Monluc* (Auch, 1890, grand in-8°, p. 30-41).

(2) L'*Intermédiaire de l'ouest* (*Chronique* de la livraison de septembre 1892, p. 48) nous apprend qu'on a récemment découvert le nom de l'architecte du château de Coulonges-les-Royaux : Liénard de Lareau, architecte fontenaysien de la renaissance, et que M. Léon Palustre a consacré (*Revue du Bas-Poitou*) une très intéressante étude à cet artiste qui était au service des d'Estissac.

— 2 —

entre son pays natal et son pays d'adoption, je le suivrai dans l'Ouest, après m'être occupé, il y aura bientôt vingt-quatre ans, de son séjour dans le Sud-Ouest.

Je ne veux pas trop vanter les documents que l'on va lire, mais j'espère qu'on leur accordera une favorable attention, ne serait-ce qu'à cause de l'excessive rareté des lettres écrites par le châtelain de Coulonges-les-Royaux; je m'empresse d'ajouter que cette rareté est loin d'en faire tout le prix. On verra, dans la première pièce — laquelle n'est, à vrai dire, qu'un simple billet — que Vignoles était avide de nouvelles, qu'il était un grand curieux, — qui de nous ne lui pardonnera ce péché ? — et, qu'avec une charmante familiarité, il entretenait de ses affaires et de sa *petite famille* un éminent personnage comme le secrétaire d'État, Paul Phélypeaux, seigneur de Pontchartrain.

La seconde pièce, beaucoup plus importante, nous montre — ce qui, dit-on, arrive fort souvent — un tendre époux dans le rude guerrier, s'inquiétant fort de la santé de sa *pauvre femme*, mais n'oubliant pas, au milieu de ses préoccupations conjugales, ses devoirs de bon serviteur du roi et mettant tout son zèle à informer le secrétaire d'État de ce qui se passe à La Rochelle, à Surgères, etc. C'est là une instructive page d'histoire régionale où l'on remarquera surtout les passages relatifs au duc d'Épernon, au duc de Rohan, au duc de La Trémoille, ce dernier accusé de faire des brigues en Bretagne comme en Poitou.

Les deux autres documents concernent : l'un, le voyage en Guyenne de 1621; l'autre, les affaires personnelles du correspondant de Pontchartrain, et ajoutent quelques renseignements à ceux que nous fournissaient déjà les *Mémoires* et les diverses notices biographiques résumées dans l'*introduction* de l'édition de 1869.

J'ai oublié de citer, quand j'ai écrit cette introduction, deux éloges décernés à Vignoles, à l'occasion de sa mort : l'un par un journaliste, collaborateur de ce Théophraste Renaudot qui devient, depuis quelque temps, un de nos hommes les plus célèbres (1); l'autre par un écrivain militaire de haute valeur. Je

---

(1) Dans les nombreuses publications qui, à Paris comme en province, glorifient à l'envi le fécond inventeur, on n'a pas rappelé les relations du fondateur de la *Gazette* avec Fabri de Peiresc. On peut voir, dans les tomes II et III des *Lettres* de ce dernier aux frères Dupuy (Paris, imprimerie nationale, 1890-1892, in-4º), que le nom du médecin loudunois revient souvent sous la plume du docte magistrat, lequel n'est pas toujours content de celui qu'il appelle le

répare mes vieux torts en reproduisant ici les courtes lignes où le rédacteur de la *Gazette* et le marquis de Montglas rendirent un juste hommage à mon compatriote.

« Le 5ᵉ de ce mois mourut ici (1) de dysenterie le marquis de Vignoles, chevalier des ordres du roy, son lieutenant général en Champagne et premier mareschal de camp en ses armées ; aagé de 71 ans, recommandable par ses généreuses actions : auquel a pris fin l'ancienne souche de la maison de La Hire; n'ayant laissé qu'une fille, mariée au marquis d'Ambres. » (*Gazette* du 18 octobre 1636, p. 652). (2)

« On n'osoit songer à forcer cette méchante place (Corbie) en presence du roi et de tout ce qu'il y avoit d'élite dans le roïaume : néanmoins, après avoir bien assuré les lignes, Vignoles, vieux maréchal de camp du roi Henri IV dès le tems de la Ligue, fit connoître que ce blocus seroit trop long, et qu'il ne falloit pas craindre que les Espagnols songeassent à revenir se presenter devant une si grande armée, répondant sur sa tête que, si on vouloit l'attaquer de force, elle ne dureroit pas quinze jours : son conseil fut suivi, mais il n'en vit pas le succès, car il mourut d'une dissenterie avant sa prise. » (3) (*Mémoires* de F.-P. de Clermont, marquis de Monglat. Amsterdam, 1727, t. I, p. 147).

---

gazettier. Signalons surtout, en ce dernier tome, la page 66 où l'on apprend que Renaudot tirait 20.000 livres de rente de son bureau, somme énorme pour l'époque, et que le bon Peiresc compare à la *pierre philosophale*, et dans le tome II, la page 498, où nous sont révélées les tentatives faites par Renaudot pour attacher Peiresc, comme correspondant, à la rédaction de la *Gazette*, et, ainsi que s'exprime l'éditeur du recueil (note 2), « pour augmenter d'une aussi illustre recrue le régiment de ses collaborateurs provinciaux. »

(1) C'est-à-dire à Péronne, d'où le correspondant de Renaudot annonçait l'événement le 12 octobre.

(2) Dans le numéro du 29 août précédent (p. 532), on avait raconté ainsi le dernier combat livré sous la direction de notre guerrier : « *La défaite de cent chevaux ennemis par le sieur de Vignoles*. Le 22ᵉ de ce mois, le sieur de Vignoles, ayant envoyé de Péronne soixante chevaux à la guerre, ils rencontrèrent le comte de La Motterie, lequel accompagné de cent chevaux du mesme parti espagnol, s'en alloit dans son carosse, de Bapaume à Corbie. Sitost que les nostres curent apperceu les ennemis, ils les chargèrent de tel furie qu'ils en tuèrent et prirent plus de 50, le reste s'estant sauvé à bien courir... » Vignoles, il est vrai, ne prit aucune part à ce combat, mais son âme n'était-elle pas avec la vaillante cavalerie qu'il avait eu le mérite de lancer contre l'ennemi?

(3) Moins aimable pour un ancien frère d'armes, Bassompierre se contente de dire sèchement dans ses *Mémoires* (t. IV, p. 212) : « Vignoles mourut à Péronne. »

— 4 —

Pour compléter les renseignements sur Vignoles et sur sa relation de la campagne de 1621-1622, groupés en tête du tome I de la *Collection méridionale*, il resterait encore à consulter le remarquable article publié sur mon édition par un des maîtres de la critique, M. Léonce Couture (*Revue de Gascogne* de septembre 1871, tome XII, p. 385) (1) et le chapitre du livre de M. Henri Clouzot (*Notes pour servir à l'histoire de l'imprimerie à Niort et dans les Deux-Sèvres*, p. 51-53), où le jeune érudit, tirant un habile parti de la correspondance de Jean Besly, a montré d'une façon très nette et très piquante que ce grand savant, dont tous faisaient l'éditeur malgré lui des *Mémoires* de Vignoles, n'est pour rien dans cette publication. Comme j'ai suivi le torrent et répété l'erreur commune, je viens, contrit et repentant, faire amende honorable, la plume « au poing », et déclarer bien haut que je m'incline devant la protestation indignée de l'historien du Poitou et devant son formel désaveu de paternité.

PH. TAMIZEY DE LARROQUE.

I

A Monsieur, Monsieur de Pontchartrain, Conseiller du Roy en ses conseils et Secrétaire de ses commandemens, en Cour.

Monsieur,

Pardonez-moy sy j'abuse de l'honneur de vos bones grâces et sy je vous suplie me donner un peu de lumiere du temps. Je suis chez moy où Leurs Majestez m'ont permis de faire un tour. J'y ay un affaire domestique important à ma petite famille (2).

---

(1) Il n'y a pas là seulement d'excellentes analyses et appréciations, mais aussi des redressements, notamment en ce qui regarde le lieu précis de la naissance de Vignoles que j'avais eu le tort de trop rapprocher des Pyrénées dans cette phrase qui, du reste, était très peu affirmative (p. 4) : « Peut-être eut-il pour berceau ce château de Vignolles où, 175 ans plus tôt, avait vu le jour l'intrépide compagnon d'armes de Jeanne d'Arc ! »

(2) Qu'est-ce à dire ? Il me semble que, par *petite famille*, on doive entendre plusieurs petits enfants. Pourtant les biographes et généalogistes sont d'accord

Je n'y ay nulle seurté qu'autant que la trefve m'y en donne. De plus sy elle ce (sic) termine en guerre, je suis obligé et resolu d'estre près de Leurs Majestez le XIIme pour y servir comme doit un fidèle serviteur; sy en paix (1), je seray bien ayse de prendre le temps qu'il me faut pour faire mon negoce. A cela, Monsieur, je requiers vostre bon advis avec lequel je ne saurois faillir. Je vous suplie ne me le point desnyer. Vous voyez où nous en somes mieux que nul autre, à quoy les choses ce disposent. Je n'oserois vous en demander, mais s'il vous plaist de m'en donner un peu de cognoissance et en lascher à vostre serviteur autant qu'un homme de ma petite capacité en doit savoir, vous resouldrez mon inquietude, m'empecherez de faire une faute et obligerez extremement,

     Monsieur,

Vostre très humble et très affectionné serviteur,

           VIGNOLES. (2)

A Colonges les Royaux (3), ce 4e mars 1616. (4)

II.

(Même suscription)

Monsieur,

Il y a huit jours que j'aurois eust l'honneur d'estre près de Leurs Majestez et n'y a rien au monde qu'eust peu m'en empes-

---

pour ne donner à Vignoles qu'une seule fille, portant le doux nom de Suzanne, laquelle fut mariée, le 8 septembre 1627, à Hector de Gelas de Voisins, marquis d'Ambres, vicomte de Lautrec, chevalier des ordres du roi. Peut-être y eut-il d'autres enfants qui moururent en bas âge.

(1) Ellipse. Le correspondant de Pontchartrain résume en trois mots cette phrase : *Si elle se termine en paix.*

(2) Dans l'édition de 1869 j'avais cru devoir, comme la plupart de mes devanciers, écrire *Vignolles*. La signature m'oblige à adopter la forme *Vignoles*. Ah! le bon et solide terrain que celui des documents autographes!

(3) Ce dernier nom a été écrit en abrégé. Quand je transcrivis cette lettre, un paléographe que je consultai sur la difficulté, prétendit qu'on pouvait lire *Reaux*. Je crois avoir (pour cette fois) mieux lu que lui.

(4) Bibliothèque nationale, collection Clairambault, registre 367, f° 3.999. Cette lettre et les suivantes sont toutes de la main de Vignoles.

cher que l'extreme maladie d'une pauve fame que Dieu m'a donnée (1) de laquelle j'attends la mort plus que la vie s'yl ne luy plaist avoir pitié d'elle et de moy. Je vous suplie que mon affliction vous oblige à demander pardon pour moy, à ceste condition que du premier jour de son commandement je partiray en poste pour aller rendre au service de Leurs Majestez ce que je leur doys. Cependant je leur done cest advis que les Rochelois dont, à mon opinion, dépendent les mouvements des provinces de desa, sont resolus à rassembler leur cercle le xe du courant pour voir le contentemant qu'on leur voudra donner de l'affaire de Surgeres ; les homes qui y sont qu'ils apellent garnison les fasche, et plus que tout l'authorité, disent-ils, que M. d'Espernon veut prendre audit Surgeres. La demolition des nouvelles fortifications trop lentement executée, ce leur semble, les fait crier et croire qu'il y a bone intelligence du s^r de la Brosse (2) à M. d'Espernon. Cela leur rend toutes choses suspectes. Neantmoins le pauvre la Brosse qui se tue de bien servir et qui se void le pretexte de leur dessein n'est pas sans peine, aprehandé que du mal qu'ils feront quelque faute luy en soit imputée. A luy vous l'obligeriez et à eux vous les contenteriez si vous luy faisiez un commandement absolu de parascheveur ceste remise selon que tous ensemble l'avions deliberé. Vous leur feriez voir vos intentions toujours franches et favorables au commencement comme à la fin.

Leurs Majestez maintenant s'en vont estre pressées de retirer la garnison dudit Surgeres, comme vous leur aviez fait espérer et à moy commandé de les en asseurer. Cest afere merite d'estre consideré, car sy vous l'ostez du tour et que leur assemblée produise quelque mauvais effet, ils s'en saisiront et ceste place vous sera eschapée, la plus propre qui soit en leur voisinage pour les nuire et pour prendre sur eux beaucoup d'avantages.

Sy aussy vous leur manquez de parole, vous faites leurs

---

(1) Cette *pauvre femme*, fille de Jacques de Balaguier, baron de Montsalez, et de Suzanne d'Estissac, avait déjà été mariée deux fois, avant d'être l'épouse de Vignoles. Nous avons déjà vu qu'elle était veuve de Charles de Monluc. Le prédécesseur de Monluc avait été Bertrand d'Hébrard, seigneur de Saint-Sulpice.

(2) Sur La Brosse voir la *France protestante*. Agrippa d'Aubigné, dans ses *Mémoires*, à l'année 1616, dit quelques mots de la part prise par Vignoles à l'accommodement des affaires entre la cour et les huguenots du Poitou et de La Rochelle. Vignoles et d'Aubigné étaient de vieux amis, comme je l'ai rappelé. *(Introduction aux Mémoires des choses passées en Guyenne, p. 15).*

plaintes justes et leur mouvement coloré, et y a danger que leur cercle n'en devienne assemblée generale dont les suites seroient pires et cela disent-ils publiquement. Que s'il vous sembloit pour sauver l'un et l'autre interest que la personne du s^r de la Brosse, avec son baston, et de quatre archers du corps avec leur hocqueton fussent bastans pour asseurer la place et la protection de la dame de Montandre pour un moys ou six semenes, ce moyen seroit, à mon advis, moins ombrageux et plus suporté. Ce sont marques privées et particulières de l'auctorité royalle qui n'ont relation qu'à la seule personne du Roy et dont je croy qu'il ne se pourroit plaindre, ni M. d'Espernon ny ceux de la Rochelle. Je vous les nomme tous deux, parce que vous estes obligés encores de balancer leur satisfaction en ceste occasion.

Cest ordre, s'il estoit aprouvé, vous obligeroit à faire une bonne despeche à chascun d'eux. A la Rochelle vous feriez voir la suitte de vos faveurs, un soin particulier de leur contentement et la tenue de vostre parole, n'employant que vos domestiques et ministres particuliers de vostre autorité, pour la seureté de la dame du lieu et pour empescher que desormais Surgeres ne soit le prix du premier occupant, ny subjet de trouble entr'eux et leurs voysins.

A M. d'Espernon, vous le feriez trouver bon sur les notables interets du service du Roy auquel vous le sauriez interesser comme un des principaux et plus utiles serviteurs de Sa Majesté. Pardonés-moy sy je vous aprend son goust. Je l'ay estudié depuis peu et je vous asseure qu'il servira bien. Seulement tirez-le du mesprix.

Quoy que ce soit qu'il vous plaise ordoner pour Surgeres sy c'est tant soit peu en faveur des Rochellois, je croy que vous jugerez necessaire pour la bienseance de l'autorité du Roy que ce soit que devant que leur cercle soit convoqué, ou du moins avant qu'ils voyent que vous le puissiez savoir, afin que le bien que vous leur ferez semble venir purement de vostre benefice et non pas de leur cercle, ny de leur insolence, et pour cela je vous envoye ce gentilhomme en diligence, car vous avez peu de temps.

M. de la Tremouille (1) est celuy qui fait les brigues en Poic-

---

(1) Je n'aurais pas plus donné une note au duc Henri de La Trémoille qu'aux autres personnages si connus mentionnés en cette lettre (n'allumons

tou qui luy reussisent enormemant, en Bretagne davantage où l'on tient que force noblesse s'attache à luy. De la Rochelle on l'appelle et Madame la Princesse le convie de venir uzer de sa creance qu'elle luy a acquis parmy ce peuple.

Ceste province est en bon estat et M. de Rohan ne gaste rien; j'ay veu de bonnes lettres de luy despuis six heures et par le moyen desquelles les deputés de Poictou qui se trouvent à la Rochelle n'auront pouvoir que pour adviser à l'afere de Surgeres, seulement par ce moyen ils ne peuvent conclure à l'assemblée générale.

Monsieur, obtenez mon pardon et bientost sy Dieu plaist vous en aurez mille actions de graces et toute ma vie les humbles et fidelles services,

    Monsieur,

De vostre très humble et affectionné serviteur,

                         VIGNOLES.

A Colonges les Royaux, ce 4e fevrier 1617 (1).

III

(Même suscription)

    Monsieur,

Come l'ordinere de la poste part de Bourdeaux où j'ay sejourné trois jours pour prendre ceste comodité, je pars pour aller au Port Sainte-Marie où est maintenant M. de Contenan (2), et passeray par St-Macayre, Marmande et le Mas d'Agenois,

---

pas, disaient nos-pères, des chandelles en plein midi), si je ne trouvais ici l'occasion de relever une erreur de ce *Dictionnaire historique de la France*, qui est le très commode et très précieux *Vade mecum* de tous les travailleurs : M. Ludovic Lalanne fait naître Henri en 1599. Or, d'après le monumental et magnifique ouvrage intitulé le *Chartrier de Thouars*, qui fait doublement honneur au duc actuel de La Trémoille, Henri naquit en 1598 (p. 135).

(1) Bibliothèque nationale, même collection, registre 372, f° 7.291.
(2) Sur Henry de Bauves, baron de Contenan ou Contenant, voir une note dans les *Mémoires* de Vignoles, édition de 1869, p. 33. Conférez une note du marquis de Chantérac dans son édition des *Mémoires* de Bassompierre (tome I, p. 83).

verray l'estat des troupes qui y sont en garnison et vous en donneray advis et de la conferance que font les Huguenots le long de la Guaronne. Pour encores ils ne font que fortifier leurs places, mais cela font-ils à bon esciant, Thoneins surtout (1) où ils relevent une fortification de grand circuit pour tenir, disent-ils, le corps de leurs troupes à couvert s'il est besoin. Dès que j'auray veu M. de Contenan et apris de luy l'estat du service du Roy, j'en donneray fidelles et veritables advis et vous suplie, Monsieur, ne me desnyer point les vostres afin que je ne faille point s'il est possible et qu'avec un si bon secours je puisse servir au gré du maistre. Je croy que vous jugerez utile que l'intelligence des bons serviteurs soit bone dans la province, mais s'il vous plaist vous m'en donerez un peu de lumiere et de ceux avec qui elle peut estre utile aux aferes du Roy et agreables à Sa Majesté soit à Bourdeaux, soit à Nerac, ou ailleurs. Je vous suplieray ne m'abandonner point et me procurer un peu de bon tretement afin que je ne mange point le peu de bien qui me reste (2). Je n'ay point de troupes particulières à moy ny autre industrie pour vivre que les bontés de mon maistre en le bien servant. Je say que vous avez soin de ceux que vous aimez et say que personne du monde ne peut avoir cest honneur qui soit plus veritablement que moy,

  Monsieur,

   Vostre très humble et très afectioné serviteur,

              Vignoles.

A Bourdeaux, ce 26 fevrier 1621 (3).

IV

(Même suscription)

 Monsieur,

Ce porteur que j'envoye vous treuver exprez pour obtenir, s'il vous plaist, de vostre faveur l'expedition d'un afere que

---

(1) On trouve dans les *Mémoires* de Vignoles mention de presque toutes les localités qui viennent d'être énumérées, mais il y est surtout question de Tonneins. Voir les pages 36, 48, 60 à 83. On peut dire que la ville de Tonneins est l'héroïne du *livret* de Vignoles.

(2) Voir (Épître dédicatoire des *Mémoires*, p. 25) de vives plaintes sur l'ingratitude des rois à l'égard de Vignoles.

(3) Bibliothèque nationale, même collection, registre 377, f° 519.

vous treuverez juste, avec ceste-cy vous presentera un memoire de la chose, et moy une requeste très humble de vouloir en ceste occasion obliger vostre serviteur très humble. Je ne vous celeray point qu'elle me touche en la personne des interessez comme mon afere propre. Je vous suplie très humblement vous souvenir des biens que l'on me fait (1). J'en escry un mot à Monsieur le Conestable (2) et, parce que c'est matiere beneficiale, un mot encore au Père Arnout (3). Vous estes neantmoins mon esperance come je suis et veux estre toute ma vie,

    Monsieur,

        Vostre très humble et très affectionné serviteur,

                  VIGNOLES (4).

---

(1) C'est-à-dire que l'on promet de me faire.

(2) Charles, marquis d'Albert, duc de Luynes, avait été créé connétable le 2 avril 1621. Il allait mourir, le 15 décembre de la même année, au château de Longuetille (près de Monheurt, canton de Damazan, Lot-et-Garonne), château auquel on s'obstine, même dans les meilleurs recueils de notre temps, à donner le nom de Longueville.

(3) Le véritable nom de ce jésuite qui était très influent et qui, à la mort du P. Coton (1627), devint confesseur de Louis XIII, était *Arnoux*. Voir un article sur le P. Jean Arnoux dans la *Bibliothèque de la compagnie de Jésus* (nouvelle édition, Paris et Bruxelles, in-4°, tome I, 1890, colonne 566-571). Le savant éditeur de ce beau recueil, le R. P. Carlos Sommervogel, strasbourgeois, qui n'omet rien, n'a pas manqué de citer deux lettres du P. Arnoux sur la mort du baron de Termes (des 24 et 25 juillet 1621) publiées par le présent annotateur dans la *Revue des questions historiques* (tome XII, 1872, p. 532-534). Si je rappelle cette petite particularité, c'est que le baron de Termes fut mortellement blessé non loin de Tonneins, devant Clairac, sur le théâtre même des opérations de Vignoles.

(4) Bibliothèque nationale, même collection, registre 377, f° 715. Le document ne porte aucune indication de lieu et de temps, mais comme il est placé par ordre chronologique dans le registre entre une lettre du 30 mai 1621 et une autre lettre du 10 juin de la même année, on peut sûrement en conclure qu'il a été écrit dans les premiers jours dudit mois de juin. On trouve un beau portrait de Vignoles dans le volume 1.133 de la collection Clairambault (f° 39).

www.ingramcontent.com/pod-product-compliance
Lightning Source LLC
Chambersburg PA
CBHW062002070426
42451CB00012BA/2545